南海海区海上风电场航海保障配置指南

交通运输部南海航海保障中心 ◎ 编

中山大學出版社
SUN YAT-SEN UNIVERSITY PRESS
·广州·

版权所有　翻印必究

图书在版编目（CIP）数据

南海海区海上风电场航海保障配置指南 / 交通运输部南海航海保障中心编． -- 广州：中山大学出版社，2025．5．
ISBN 978-7-306-08261-9

Ⅰ．D993.5-62
中国国家版本馆 CIP 数据核字第 2025EL4328 号

出 版 人：王天琪
策划编辑：谢贞静　廖翠舒
责任编辑：廖翠舒　刘　丽
封面设计：林绵华
责任校对：林　峥
责任技编：靳晓虹
出版发行：中山大学出版社
电　　话：编辑部　020-84110283，84111996，84111997，84113349
　　　　　发行部　020-84111998，84111981，84111160
地　　址：广州市新港西路135号
邮　　编：510275　　　　　　传　真：020-84036565
网　　址：http://www.zsup.com.cn　E-mail：zdcbs@mail.sysu.edu.cn
印 刷 者：广州市友盛彩印有限公司
规　　格：880mm×1230mm　1/32　1.75 印张　20.2 千字
版次印次：2025年5月第1版　　2025年5月第1次印刷
定　　价：18.00元

如发现本书因印装质量影响阅读，请与出版社发行部联系调换

编审委员会

主 任 委 员：蒋见宇
副主任委员：李文华　胡　伟　李　伟　郭伟斌
　　　　　　王日斌　吴平生　曲义江　杨有良
委　　　员：钟锡泉　丁　一　蒋　宇　周荣忠
　　　　　　石万里　罗思明　张海波　杨　毅
　　　　　　安　琳　杨继起

主　　　编：杨有良
副 主 编：杨继起　肖春晖　吴勇军　白　雪
　　　　　　何世军　许广岩　黄　勇　冯奕敏
编 写 人 员：王华强　罗子汶　常　鹏　隋永举
　　　　　　庄应点　冀振宇　赵　生　陈佳丽
　　　　　　潜成胜　赵　俊　王红兵　李　辉
　　　　　　林智坚　程　洪　李坤圯　郑达成
　　　　　　王　强　郁盛宇　邓　鉉

 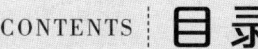 目 录

1 总则 ································· 1

  1.1 概述 ······························ 1

  1.2 适用对象 ························ 2

  1.3 应用领域 ························ 3

  1.4 发布单位 ························ 3

2 术语、定义及缩略语 ··············· 4

  2.1 术语和定义 ····················· 4

  2.2 缩略语 ···························· 7

3 航海保障配置要求 ··············· 10

  3.1 总体要求 ························10

3.2 导助航系统的技术要求………23

3.3 海洋测量绘图的技术要求……30

3.4 水上安全通信的技术要求……36

3.5 信息系统建设的技术要求……38

3.6 其他考虑因素………………40

4 相关依据………………… 42

4.1 法律、法规、规章、规范性文件………………………42

4.2 国内技术规范和标准、指南…44

4.3 国外法律、规范及约定………47

附录 南海海区海上风电场航海保障配置一览表……………… 49

为提升海上风电场及其周边水域的船舶航行安全保障能力，规范海上风电场航海保障配置工作，降低海上风电场建设对通航安全的影响，保障海上风电场安全，根据《中华人民共和国海上交通安全法》等法律法规和《中国海区水中建（构）筑物助航标志规定》（GB 17380—2020）、IALA G1162《离岸人造构筑物标识指南》等标准规范，制定本指南。

1 总　　则

1.1 概述

南海海域自然环境复杂，交通功能区分布广泛，海上交通流密集。随着海上风电场规模的不断扩大，如何确保海上风电场的安全与周边海域船舶的航行安全，避免船舶与风电场设施发生碰撞，成为亟待解决的问题。因此，按照国家法律法规、标准规范做好海上风电场航海保障工作显得尤为重要。

海上风电场航海保障包括导助航系统建设和养护、海洋测量绘图、水上安全通信等技术支持和服务。本指南通过系统研究航海保障的国内外标准、规范和指南，以及国内法律法规，结合南海海区海上风电场的特点和通航环境，提出针对性的南海海区海上风电场航海保障配置建议，为海上风电场的规划设计、工程建设、项目运维和废弃处置等各阶段航海保障工作提供遵循和指引。

1.2　适用对象

本指南适用于南海海区海上风电场

利益相关方，如主管单位、港口和其他涉海部门、航海保障服务提供部门，以及海上风电场的设计单位、建设单位、施工单位和运维单位等。

1.3 应用领域

本指南适用于南海海区建设的海上风电场及其相关的水上水下建（构）筑物，包括孤立风机、漂浮式风机、测风装置、海上升压器／换流站、风机群、海底电缆，以及由于建设风电场而衍生的辅助性平台（如生活平台、气象观测站、雷达平台等）。

1.4 发布单位

本指南由交通运输部南海航海保障中心发布。

2 术语、定义及缩略语

2.1 术语和定义

2.1.1 海上风电场

在海上大规模建设风力发电设备，进行风力能源采集并将其转化为电能的一种发电方式。海上风电场通常由海上风力发电机组、海上输变电系统、升压站及集控中心组成，包括潮间带和潮下带海上风电场、近海海上风电场和深海海上风电场。

2.1.2 水上交通支持服务系统

国家为给船舶、水上设施提供水上交通信息服务而建立的船舶定位、导航、授时、通信和远程监测等系统。

2.1.3 航道

江河湖泊等内陆水域中可以供船舶通航的通道,以及内海、领海中经建设、养护可以供船舶通航的通道。

2.1.4 航路

沿海水域供船舶安全航行的海上通道。根据航路形成方式的不同,有主管部门划定的航路或推荐的航路和按照船舶航行习惯自然形成的航路。

2.1.5 平均大潮高潮面

大潮期间高潮位的平均值。

2.1.6 海上风电场外围重要设施

海上风电场外围边界角点或其他重要位置上的设施。

2.1.7 海上风电场外围中间设施

海上风电场外围边界角点中间位置上的设施。

2.1.8　AIS

在甚高频海上移动频段采用时分多址接入方式自动广播和接收船舶动态、静态等信息，以便实现识别、监视和通信的系统。

2.1.9　AIS 航标

使用 AIS 21 号电文播发，提供船舶导航、定位、避险或其他助航信息的一种航标。

2.1.10　AIS 预警区

通过 AIS 基站划定的预警范围，并能发送至 AIS 船台，提醒船舶驾驶人员。

2.1.11　AIS 远距离预警值守系统

基于 AIS 岸基系统建立的针对海上特定水域的远距离预警系统，24 小时有人值守，用于提醒、警示进入该区域的无关船舶。

2 术语、定义及缩略语

2.1.12　AIS 安全信息寻址播发

通过 AIS 基站、AIS 航标等，以二进制报文向途经特定水域的船舶寻址播发导助航信息和海上安全信息。

2.2　缩略语

2.2.1　AIS

船舶自动识别系统（automatic identification system，AIS）。

2.2.2　CCTV

闭路电视监控系统（closed-circuit television，CCTV）。

2.2.3　CGCS2000

2000 国家大地坐标系（China geodetic coordinate system 2000，CGCS2000）。

2.2.4　DGNSS

差分全球卫星导航系统（differential

global navigation satellite system，DGNSS）。

2.2.5 GIS

地理信息系统（geographic information system，GIS）。

2.2.6 IALA

国际航标组织（International Organization for Marine Aids to Navigation，IALA）。

2.2.7 IPS

海上风电场外围中间设施（intermediate peripheral structure of offshore wind farms，IPS）。

2.2.8 MSI

海上安全信息（maritime safety information，MSI）。

2.2.9 OGC

开放地理空间信息联盟（open geospatial

consortium，OGC）。

2.2.10 OWF

海上风电场（offshore wind farms，OWF）。

2.2.11 RTK

实时差分定位（real-time kinematic，RTK）。

2.2.12 SPS

海上风电场外围重要设施（significant peripheral structure of offshore wind farms，SPS）。

2.2.13 UHF

特高频（ultra high frequency，UHF）。

2.2.14 VHF

甚高频（very high frequency，VHF）。

3 航海保障配置要求

3.1 总体要求

3.1.1 一般要求

3.1.1.1 海上风电场航海保障配置应符合有关海上交通安全的法律、行政法规、规章以及标准和技术规范。

3.1.1.2 建设单位、施工单位、运维单位应根据海上风电项目对通航安全的影响配备相应的航海保障设施,并与主体工程同时设计、同时施工、同时投入生产和使用。

3.1.1.3 海上风电场航海保障配置应统筹考虑海上风电场规划设计、工程建设、项目运维和废弃处置等各阶段的需要。

3 航海保障配置要求

3.1.1.4 海事管理机构在海上风电场建立禁航区、安全区或作业区,海上风电场应根据实际情况配置航海保障设施,并申请发布 MSI。

3.1.1.5 海上风电场应建立航海保障应急机制。一旦发现航海保障设备/设施出现故障,应及时修复,并根据有关规定发布 MSI。

3.1.1.6 海上风电场的建设应避免对附近水上无线电台(站)的通信导航及搜救系统信号造成影响或妨碍其正常使用,如果有可能造成影响,建设单位、施工单位和运维单位应当与相关海事局和航海保障等单位协商,并做出妥善安排。

3.1.1.7 海上风电场在规划设计、工程建设、项目运维及废弃处置各阶段应按规定设置专用航标。航标建设单位在完成航标预验收后，对符合航标效能验收条件的，应及时申请航标效能验收；航标效能验收评估通过后应定期做好航标维护管理（养护）工作。

3.1.1.8 海上风电场宜建立实景三维信息管理系统和 AIS 远距离预警值守系统。

3.1.2 规划设计阶段配置

3.1.2.1 海上风电场规划应考虑航海保障配置需求。

3.1.2.2 海上风电场选址应符合国土空间规划和海洋功能区规划要求，并与港口航运、海上交通资源管理、航海保障等规划相协调。

3.1.2.3 海上风电场规划设计应包含以下航海保障基础资料：

（1）场址海域实测 1:2000～1:10000 全要素海图资料。

3 航海保障配置要求

（2）场址海域的海底管线、光缆、电缆、航标、沉船和障碍物等资料。

（3）场址海域船舶交通流航迹图及场址海域附近港口、航道锚地及其附属设施、水上交通导助航设施等。

3.1.2.4 在海上风电场规划设计阶段，如果需要开展水深地形测量，应委托具备相应资质的单位。

3.1.2.5 测风装置应按照以下要求设置。

（1）漂浮式测风装置在浮体上按海上作业区专用标志要求配置：一盏或多盏同步闪航标灯（射程不小于 4 n mile[①]，具备北斗遥测遥控功能）、"X"形顶标、1 座实体 AIS 航标、雷达应答器（必要时设置）。

（2）固定式测风装置按水中建（构）

---

① 海里（符号：n mile）是一种国际度量单位，1 n mile ≈ 1852 m。

筑物助航标志要求配置：3~4盏同步闪航标灯，保证夜间航行船舶从任何方向接近测风装置时，至少能看到其中一盏航标灯光；必要时设置灯浮、虚拟AIS航标、雷达应答器。

3.1.2.6 规划设计阶段宜采用电磁仿真技术评估海上风电场对水上交通支持服务系统的影响，影响正常使用的，应当与相关海事局和航海保障单位等水上交通支持服务系统的管理单位协商，并进行专题论证。

3.1.3 工程建设阶段配置

3.1.3.1 导助航系统。在海上风电场工程建设阶段，应按海上作业区专用标志配置施工期航标，标示施工水域范围，具体要求如下。

（1）灯浮标原则上应在风机施工作业安全区边界线上连续设置，相邻灯浮的间距宜为 1~2 n mile，通航环境复杂时可适当减少间距。

（2）航标灯射程应不小于 4 n mile，具备北斗遥测遥控功能，且遥测遥控系统应有人值守（建议接入海区遥测遥控系统）。

（3）海上风电场施工海域范围的拐角处应设置灯浮标和实体 AIS 航标。

（4）根据周边水域和交通流情况，海上风电场应提供必要的 AIS 安全信息寻址播发服务，将风电场水域的导助航信息和 MSI 及时发送至过往船舶。

（5）必要时设置虚拟 AIS 航标、雷达应答器，或划定 AIS 预警区。

（6）宜建立 AIS 远距离预警值守系统。

3.1.3.2　水上安全通信。

（1）在海上风电场工程建设阶段，应按要求申请发布 MSI，以提醒船舶避开相应区域。

（2）海上风电场工程建设如果影响该水域的通信效能，应进行干扰源排查，并采用VHF、AIS通信基站补点或中继站补点等方式进行弥补。

3.1.4 项目运维阶段配置

3.1.4.1 导助航系统。

（1）海上风电场项目运维阶段应按水中建（构）筑物的专用标志配置航标，标示海上风电场范围。具体要求如下。

①灯桩应设置在海上风电场外围重要设施（SPS）和海上风电场外围中间设施（IPS）上。两个SPS之间距离不宜超过3 n mile，如果超过3 n mile，则应在两个SPS之间设置一个或多个IPS，如图1所示；灯器安装高度应在平均大潮高潮面以上6～30 m；所有具有相同灯光特性的SPS宜设置为同步闪光。

3 航海保障配置要求

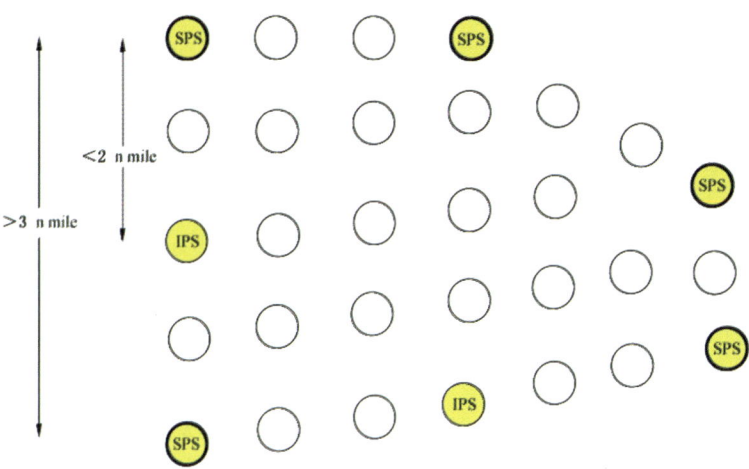

图1 海上风电场航标SPS与IPS设置示意

②航标灯射程应不小于5 n mile，具备同步闪和北斗遥测遥控功能，且遥测遥控系统应有人值守（建议接入海区遥测遥控系统）。

③SPS上应设置实体AIS航标。

④必要时设置虚拟AIS航标、雷达应答器，或划定AIS预警区。

⑤海上风电场边界距离航道（航路）小于2 n mile时，应在海上风电场靠近

航道（航路）一侧设置一座或多座浮动标志或虚拟 AIS 航标，必要时应设置音响航标，且听程不低于 2 n mile。

⑥一般情况下，海底电缆有一定的埋深，宜在登陆点处设置管线标；如果海底电缆埋深不够或处于船舶交通流密集带，宜在海底电缆路由上增设虚拟 AIS 航标，必要时应设置灯浮标示海底电缆走向。

⑦必要时，海上风电场水域应提供 AIS 广播、AIS 安全信息寻址播发服务，将该区域的导助航信息和 MSI 发送至过往船舶。

⑧宜建立 AIS 远距离预警值守系统。

（2）海上风电场风机、测风装置及气象桅杆上应设置标示其登记名称或代号的标志牌，标志牌应符合下列要求。

①标志牌应为黄色底板镶嵌不小于 1 m 高的黑色文字和数字，标志牌的数量和安装位置应能保证在任何航向上至少可

以看到一块标志牌。

②用于标志牌的字体应明确区分字母和数字（例如"O"和"0"或者"I"和"1"），并且高度应该一致。

③标志牌应在白天和晚上都易于看到，可通过使用照明或逆反射材料来使标志牌可见。若使用灯光照明，灯光的强度应不遮挡航标或影响附近的助航标志。

④宜用黄底黑字的标志牌"航道→"标示风机，指出船舶驶离海上风电场的最快路径。

⑤固定基础的风机、测风装置及气象桅杆，平均大潮高潮面以上15 m范围内宜设置水平黄色带，色带高度应不小于2 m；浮式基础的风机、测风装置及气象桅杆，水面线以上15 m范围内应全部涂成黄色，可以考虑添加黄色逆向反光材料，如图2所示。

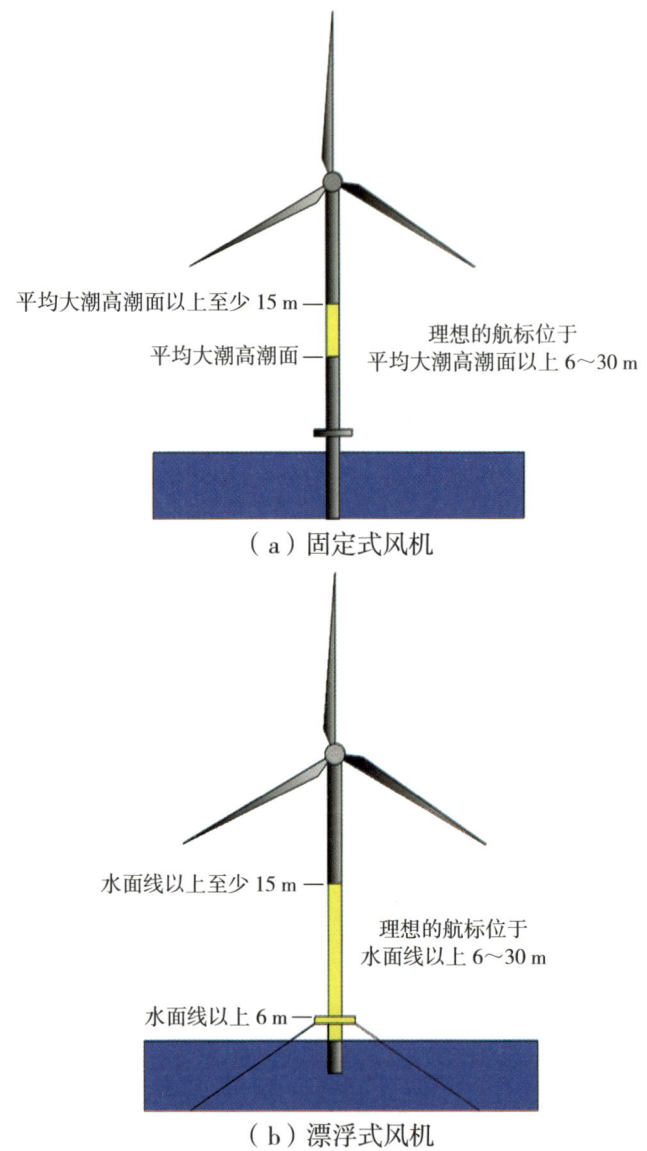

图 2　风机塔的标志牌设置位置示意

3.1.4.2 海洋测量绘图。

（1）在项目的水上、水下工程完工后一个月内，海上风电场应当按照海图测量标准对海上风电场的海域范围、风机和升压站的坐标及尺度、海底电缆路由拐点和埋深等通航安全相关技术参数进行现场测定，及时申请更新海图，并向项目所在地的海事管理机构备案，按规定申请发布航行通告。

（2）海上风电场应根据风电场海域的潮流和海底冲刷的情况制订周期计划，以开展针对风机基础和海底电缆的扫测和复查，并将扫测结果向所在地的海事管理机构报告。

（3）桩基础、重力式基础的地基在项目运维阶段应进行沉降和水平位移检测。宜采用静力水准仪、测斜仪等仪器进行检测。

3.1.4.3 水上安全通信。

（1）海上风电场完工后，应按规定发布 MSI。

（2）在海上风电场运营前，应对海上风电场及其附近水域的无线电环境进行监测，如果影响无线电通信或妨碍水上交通支持服务系统的正常使用，应采取必要措施消除影响。

（3）在海上风电场运维阶段，应根据所在地的海洋环境影响评估报告制订基于电磁环境的实际调研情况的周期计划，开展针对海上风电场及其附近水域的无线电环境监测。

3.1.5 废弃处置阶段配置

3.1.5.1 海上风电场废弃拆除作业时，应申请发布 MSI，并根据通航和交通流情况，按本指南"3.1.3.1"的要求设置海上作业区专用标志。

3.1.5.2　海上风电场废弃并拆除风机后，应对其进行清障扫测，并及时更新海图。

3.1.5.3　若拆除后存有风机桩基或平台遗留物等碍航物，应按照《中国海区水中建（构）筑物助航标志规定》设置航标，并发布 MSI。

3.2　导助航系统的技术要求

3.2.1　建设要求

3.2.1.1　海上风电场的航标设置应符合 IALA G1162《离岸人造构筑物标识指南》和《中国海区水中建（构）筑物助航标志规定》《中国海区水上助航标志》等标准、规范的要求。

3.2.1.2　航标灯光应符合《航标灯光信号颜色》的要求；航标表面色应符合《视觉

航标表面色规定》的要求。

3.2.1.3　航标遥测遥控系统建设应按照《航标遥测遥控系统技术规范》的规定执行。

3.2.1.4　海上风电场的航标配布方案应遵循《沿海导助航工程设计规范》的要求。

3.2.1.5　海上风电场的航标配布方案应在通过辖区航标处的技术审查后，按程序向所在地的海事管理机构申请航标设置行政许可。

3.2.1.6　海上风电场的航标施工单位应有导助航维护保养基地，建立航标质量保证体系，并具备一定的技术装备能力，同时配备不少于一艘专业航标船，以及不少于三名专业技术人员。

3.2.1.7　应选用符合国家标准的航标器材，并按照《沿海导助航工程维护技术规范》的要求配备固定标志的灯器和浮动标志的备用数量，使其不低于配布数量的30%。

3.2.1.8 海上风电场航标设置完成后，应按《海区航标动态通报管理办法》的规定发布航标动态。

3.1.2.9 对于大型海上风电场，应考虑使用不同的灯光特性标示海上风电场拐角处的 SPS 与 IPS。

3.1.2.10 海上风电场工程建设阶段设置的航标应在营运期航标验收合格并投入使用后撤除，并按有关规定申请发布航标动态。

3.2.1.11 在海上风电场航标效能验收前，海上风电场的建设单位应做好航标的维护保养和应急抢修工作。

3.2.2 效能验收要求

3.2.2.1 海上风电场的航标设置完成后，

应按《海区航标效能验收规范》规定的程序组织开展效能验收。航标效能技术测定一般按以下要求进行：

（1）辖区航标处在收到航标建设单位有关航标效能验收技术测定的申请，或收到航标审批单位要求开展技术测定的通知后，应根据天气情况、航标船作业排班及时安排航标技术测定工作。

（2）技术测定工作由辖区航标处组织，组成人员为航标专业技术人员和航标用户代表，且不少于三人。

（3）航标的技术测定应到现场开展，并按照《海区航标效能验收规范》规定的技术要求、抽查数量和测定方法执行。

3.2.2.2 技术测定完成后，由海事管理机构组织进行航标效能专家评估。航标效能验收专家应主要来自航海保障中心、属地引航、属地航标等部门。

3.2.3 维护要求

3.2.3.1 视觉航标维护应符合"标位准确、灯质正常、涂色鲜明、结构良好"的管理要求；无线电航标维护应符合"信号准确、频率稳定、功率正常、工作连续"的管理要求；音响航标应符合"信号清晰、发放及时"的管理要求。

3.2.3.2 系统可用性。海上风电场应制定可靠的航标日常维护机制，以确保满足所需的可用性目标。海上风电场的年度航标正常率应不低于99.0%，年度航标维护正常率应不低于99.5%。

3.2.3.3 系统冗余备份。设备的选型应充分考虑维护人员的安全、维护的经济性和便利性，并按《沿海导助航工程维护技术规范》的规定配备备品备件。

3.2.3.4 应急修复时限。除天气原因导致的维护设施和维护人员不能到达失常现场的情况外，发生灯光熄灭、灯质错误、结构破损、无线电信号停发或错误、音响航标信号停发或错误等情况时，航标修复的时限为 48 小时；发生灯浮离位、失踪和航标结构严重损坏的情况时，航标修复的时限为 72 小时。

3.2.3.5 航标维护保养单位应满足《沿海导助航工程维护技术规范》的要求，并建立沿海航标维护质量保证体系。

3.2.3.6 日常维护应按照《海区航标维护管理规则》的规定执行。

3.2.3.7 在海上风电场项目运维阶段，应建立导助航系统值班值守工作机制，开展 24 小时值守。

3.2.4 其他要求

3.2.4.1 当海上升压站／变电站或气象桅杆位于海上风电场内部时，应将其与海上风电场视作整体进行标示。当其位置不在海上风电场区域内时，则应将其标示为孤立的海上构筑物。

3.2.4.2 对于不规则布局的海上风电场，当外围风机之间存在较大间隔时，可根据风险评估情况，另外增加浮动航标来标示海上风电场的外部界限。

3.2.4.3 在海上风电场之间或海上风电场内部设置航道（航路）时，可用灯浮标示出可供船舶航行的航道（航路）界限，宜设置雷达应答器和 AIS 航标。

3.2.4.4 AIS 基站补点应综合考虑采用单功能 AIS 基站或全功能 AIS 基站，同时满足《沿海船舶自动识别系统（AIS）基站技术要求》。

3.3 海洋测量绘图的技术要求

3.3.1 一般规定

3.3.1.1 海上风电场水下地形地貌的测绘活动应符合国家标准和规范的要求。

3.3.1.2 海上风电场测绘应委托相应等级的海洋测绘资质单位开展,开展连片区域 100 km^2 及以上的水深测量、地形测量、海洋工程测量和扫海测量等的单位应具备海洋测绘甲级资质。

3.3.1.3 应根据官方机构出版发行的最新版海图(包括电子海图)水深,认定海上风电场水域的水深。

3.3.1.4 海上风电场建设导致航道(航路)变更的,建设单位应申请对新的航道(航路)开展扫海测量,其作业过程及成果质量应符合《通航尺度核定测量技术要求》。

3.3.1.5 海上风电场应委托具备海图测图出版职能的单位，按《海道测量规范》和《沿海港口航道测量技术要求》开展测量、数据处理和制图等工作，并依据测绘成果申请发布相关数据和更新海图。

3.3.1.6 海上风电场水域发生海上事故或灾害后开展的碍航物搜寻、通航水深突变扫测和水下安保探测等，应符合《沿海通航水域应急扫测技术要求》的规定。

3.3.2 海上风电场范围、风机位置测定

3.3.2.1 应采用 RTK、DGNSS、星站差分系统登陆风机平台测量场址边界、风机位置。

3.3.2.2 海上风电场范围、风机位置的测定应满足《海道测量规范》的要求。风机位置精度要达到一类方位物测定精度要求，且经现场测定或复核的风机位置应均

位于海上风电场的设计坐标范围内，现场测定时选取的标志点应达到一类方位物测定精度的要求。

3.3.3 海底电缆管道路由及埋深探测

3.3.3.1 海底电缆管道路由及埋深探测宜综合使用侧扫声呐、地层剖面仪、磁法和多波束测深系统进行探测。具体探测作业方式及要求按照《海底电缆管道路由勘察规范》执行。

3.3.3.2 路由区域宜进行多波束全覆盖水深测量，调查区域应使用侧扫声呐进行全覆盖扫测，浅地层剖面探测测线宜垂直于预选路由方向布设。当路由区域附近有其他海底管线交越或淤埋的铁磁性物质时，应进行海洋磁法探测。

3.3.3.3 海底电缆管道路由勘察在沿路由中心线两侧一定宽度的走廊带范围内进

行。勘察走廊带的宽度在登陆段一般为500 m，在近岸段一般为500 m，在浅海段一般为500～1000 m，在深海段一般为水深的2～3倍；其他要素按照《海底电缆管道路由勘察规范》执行。

3.3.4 清障扫海测量

3.3.4.1 清障扫海测量包含对施工产生的碍航物和水下构筑物拆除后的残留碍航物的扫测。

3.3.4.2 对于施工产生的危及船舶航行安全的碍航物，应准确测定其位置、最浅深度（或干出高度、高程）、延伸范围和性质。

3.3.4.3 海上风电场清障扫测宜采用扫海测量方式，可利用侧扫声呐、三维成像声呐、合成孔径声呐、多波束声呐、海洋磁力仪等进行扫海测量。各种扫海手段的具体要求应按照《海道测量规范》执行。

3.3.5 海图更新测量

3.3.5.1 在海上风电场建设完成后,应对其进行海图更新测量。

3.3.5.2 海上风电场的海图更新测量应按照《多波束测深系统测量技术要求》的规定进行水深测量。

3.3.5.3 海上风电场的海图采用 2000 国家大地坐标系(CGCS2000),高程基准采用 1985 国家高程基准,深度基准面采用理论最低潮面。大于 1∶5000 比例尺测图采用 1.5°带高斯-克吕格投影,其中央子午线与 3°带中央子午线或分带子午线重合;小于(含)1∶5000、大于(含)1∶10000 比例尺测图采用 3°带高斯-克吕格投影。

3.3.5.4 海上风电场的海图更新水深测量

宜采用三等（及以上）测量。

3.3.6 桩基冲刷和海底电缆埋深监测

3.3.6.1 在海上风电场项目运维阶段，应对基础周边的海底高程进行监测，风电场建成后2年内每年应不少于1次监测，海床冲刷稳定后可适当延长间隔时间。当出现台风等恶劣气象条件或者地震等地质灾害时，应及时进行监测。

3.3.6.2 海底电缆铺设完成后1年内监测应不少于2次，5年内每年应不少于1次。后期应视监测情况确定重点监测区域和监测频次。在重大气象、地质灾害发生后，应对海底电缆的铺设状况及时进行监测。

3.3.6.3 桩基冲刷监测宜采用多波束测深系统或三维成像声呐进行，电缆埋深监测参照本指南"3.3.3"中海底电缆管道路由和埋深探测的要求执行。

3.4 水上安全通信的技术要求

3.4.1 无线电监测

3.4.1.1 海上风电场的无线电监测应覆盖全球海上遇险与安全通信系统、船舶自动识别系统（AIS）等的重点频段范围。

3.4.1.2 开展无线电监测时，应按照《VHF/UHF无线电监测测向系统开场测试参数和测试方法》《超短波无线电干扰判定及干扰源定位方法》及《短波监测站监测方法以及干扰源定位方法》等标准的要求开展。

3.4.1.3 无线电监测设施应符合《无线电监测设施测试验证工作规定（试行）》的相关要求。

3.4.2 台站建设

3.4.2.1 建设无线电台（站）应符合《中华人民共和国无线电管理条例》《地面无线电台（站）管理规定》的相关要求。

3.4.2.2 当使用VHF系统进行船舶预警呼叫时，应充分评估VHF频率的覆盖范围，并设置合适的天线和发射功率，不得影响水上交通支持服务系统的正常效能。

3.4.2.3 在海上风电场上设置、使用的水上无线电设备，应当符合国际国内标准和规范要求，并依法进行定期检验。

3.4.2.4 岸台台址的电磁环境应符合现行国家标准《电磁环境控制限值》的有关规定，对所要求的覆盖区域应有良好的视距传输条件，通信目标方向宜避开高层建筑，宜选在适合建台的沿岸制高点。

3.4.2.5 VHF系统应符合《甚高频（VHF）

岸台技术要求》的规定。

3.4.2.6　VHF 台站的建设应符合《水运通信工程技术规范》的相关要求。

3.4.3　VHF 系统维护

　　VHF 岸台基本设备的可用率应大于 99.99%。用于遇险安全通信业务的 VHF 岸台，无线可通率应不低于 95%，音频信噪比应不小于 14 dB，可靠度应不低于 95%。

3.5　信息系统建设的技术要求

3.5.1　一般规定

3.5.1.1　海上风电场航海保障信息系统的总体规划与建设应做到技术先进、经济合理，并在海上风电场统一规划的框架下进行。

3.5.1.2 信息系统的设计应采用全场统一的信息编码标准,并确保系统中数据的准确性、一致性和唯一性。

3.5.1.3 鼓励建设单位共建共享信息系统,宜采用国产信息设备。系统建设应符合国家信息网络安全的相关要求。

3.5.2 实景三维信息管理系统

3.5.2.1 实景三维信息管理系统应能对海上风电场海域的水下地形地貌、水文气象信息、风机位置和海缆路由、船舶状态、航海保障配置信息等进行三维展示,并能为海上风电场的日常管理提供基础地理信息数据支撑。

3.5.2.2 实景三维信息管理系统应遵循 OGC 标准,采用面向服务的系统架构,发布海上风电场的三维 GIS 和实景地图服务,为海上风电场智能化信息平台建设提供基础空间底图。

3.5.3 AIS远距离预警值守系统

3.5.3.1 AIS远距离预警值守系统应具备岸到船台信息推送、船舶动静态信息感知、水域交通态势风险等级辨识、不少于三级预警功能区划定和主动预警等功能。

3.5.3.2 AIS远距离预警值守系统由感知系统和预警系统组成。其中，感知系统可接入雷达、AIS、CCTV、水文气象等监测数据，预警系统可以通过VHF、AIS短报文、手机短信、电话等方式向航海用户推送预警信息。

3.6 其他考虑因素

3.6.1 漂浮式风机应按《中国海区水中建（构）筑物助航标志规定》配置导助航设施。

3.6.2 漂浮式风机应在风机平台上安装一座或多座灯桩,灯桩宜选用莫尔斯灯质,白光。孤立的漂浮式风机应设置灯浮标示,用于固定风机的系泊锚链范围。

3.6.3 必要时,海上风电场内部的海洋牧场应用灯浮或灯桩、AIS航标标示海洋牧场的范围。

4 相关依据

4.1 法律、法规、规章、规范性文件

（1）《中华人民共和国海上交通安全法》（2021年4月修订）。

（2）《中华人民共和国安全生产法》（2021年6月修正）。

（3）《中华人民共和国航道法》（2016年7月修正）。

（4）《中华人民共和国航标条例》（2011年1月修订）。

（5）《中华人民共和国航道管理条例》（2008年12月修订）。

（6）《中华人民共和国航道管理条例实施细则》（2009年6月修正）。

4 相关依据

（7）《中华人民共和国海事行政许可条件规定》（2021年9月修正）。

（8）《中华人民共和国水上水下作业和活动通航安全管理规定》（中华人民共和国交通运输部令2021年第24号）。

（9）《海上风电场通航安全监督管理暂行办法》（广东海事局）。

（10）《广西海事局海上风电通航安全管理规定（试行）（征求意见稿）》。

（11）《海南海事局海上风电项目交通安全监督管理办法》。

（12）《海区航标动态通报管理办法》（交安监发〔1995〕1180号）。

（13）《海区航标维护管理规则》（海航保〔2019〕485号）。

（14）《中华人民共和国无线电管理条例》（2016年11月修订）。

（15）《地面无线电台（站）管理规

定》(中华人民共和国工业和信息化部令第 60 号)。

(16)《交通运输行业水上无线电管理规定》(公开征求意见稿)。

(17)《无线电监测设施测试验证工作规定(试行)》(工信部无〔2017〕283 号)。

4.2 国内技术规范和标准、指南

(1)《中国海区水中建(构)筑物助航标志规定》(GB 17380—2020)。

(2)《中国海区水上助航标志》(GB 4696—2016)。

(3)《航标灯光信号颜色》(GB 12708—2020)。

(4)《视觉航标表面色规定》(GB 17381—2020)。

4 相关依据

（5）《航标遥测遥控系统技术规范》（JT/T 788—2023）。

（6）《沿海导助航工程维护技术规范》（JTS/T 320-5—2020）。

（7）《沿海导助航工程设计规范》（JTS/T 181-4—2023）。

（8）《海区航标效能验收规范》（JT/T 759—2009）。

（9）《海上风电场选址通航安全分析技术指南（试行）》（海通航函〔2021〕1608号）。

（10）《自动识别系统（AIS）航标应用导则》（JT/T 1193—2018）。

（11）《沿海船舶自动识别系统（AIS）基站技术要求》（GB/T 39620—2020）。

（12）《海道测量规范》（GB 12327—2022）。

（13）《沿海港口航道测量技术要求》（JT/T 954—2014）。

（14）《多波束测深系统测量技术要求》（JT/T 790—2024）。

（15）《通航尺度核定测量技术要求》（JT/T 1192—2018）。

（16）《沿海通航水域应急扫测技术要求》（JT/T 1381—2021）。

（17）《海底电缆管道路由勘察规范》（GB/T 17502—2009）。

（18）《海上风力发电场勘测标准》（GB 51395—2019）。

（19）《海上风力发电场设计标准》（GB/T 51308—2019）。

（20）《VHF/UHF无线电监测测向系统开场测试参数和测试方法》（GB/T 34089—2017）。

（21）《超短波无线电干扰判定及干

扰源定位方法》（YD/T 2609—2013）。

（22）《短波监测站监测方法以及干扰源定位方法》（YD/T 2610—2013）。

（23）《电磁环境控制限值》（GB 8702—2014）。

（24）《甚高频（VHF）岸台技术要求》（JT/T 679—2007）。

（25）《水运通信工程技术规范》（JTS/T 194—2023）。

4.3 国外法律、规范及约定

（1）*IALA standards.*

（2）*IALA navguide.*

（3）*IALA recommendation R0130 categorization and availability objectives for short range AtoN.*

（4）*IALA recommendation R1001 IALA*

maritime buoyage system.

（5）IALA guideline G1035 availability and reliability of aids to navigation-theory and examples.

（6）IALA guideline G1065 AtoN signal light beam vertical divergence.

（7）IALA guideline G1073 conspicuity of AtoN lights at night.

（8）IALA guideline G1078 the use of AtoN in the design of fairways and channels.

（9）IALA guideline G1090 use of audible signals.

（10）IALA guideline G1121 navigational safety within marine spatial planning.

（11）IALA guideline G1134 surface colours used as visual signals on AtoN.

（12）IALA guideline G1162 the marking of offshore man-made structures.

附录 南海海区海上风电场航海保障配置一览表

航海保障配置	具体内容	规划设计阶段			工程建设阶段	项目运维阶段	废弃处置阶段
		测浮式测风装置	固定式测风装置	其他			
导助航系统	灯浮标	√	*		√	*	√
	灯桩		√			√	
	实体AIS航标	√			√	√	√
	虚拟AIS航标		√		*	√	*
	雷达应答器	*	*		*	*	*
	雾笛/雾号	*	*		*	*	*
	AIS安全信息寻址播发				*	*	

续表

| 航海保障配置 | 具体内容 | 规划设计阶段 | | | 工程建设阶段 | 项目运维阶段 | 废弃处置阶段 |
		漂浮式测风装置	固定式测风装置	其他			
海洋测量绘图	海上风电场范围和风机位置测量、海缆探测、清障扫测、海图更新					√	*
	水深测量和地质勘察			*	*		
	桩基冲刷和海缆埋深监测					*	*
水上安全通信	电磁仿真			*			
	无线电监测				*	√	
	安全信息发布				√	√	
信息系统	实景三维信息管理系统				*	*	
	AIS远距离预警值守系统				*	*	

注："√"表示必须，"*"表示推荐。